300 Vocabulary Picture Flashcards

English - Hungraian

granddaughter

lány unoka

grandmother

nagymama

grandson

unokája

mother

anya

nephew

unokaöcs

niece

unokahúg

sister

lánytestvér

son

fiú

stepdaughter

mostohalány

stepmother
mostohaanya

stepson
mostohafiú

uncle
nagybácsi

bowl
tál

cup
csésze

dish
tál

fork
villa

glass
üveg

knife
kés

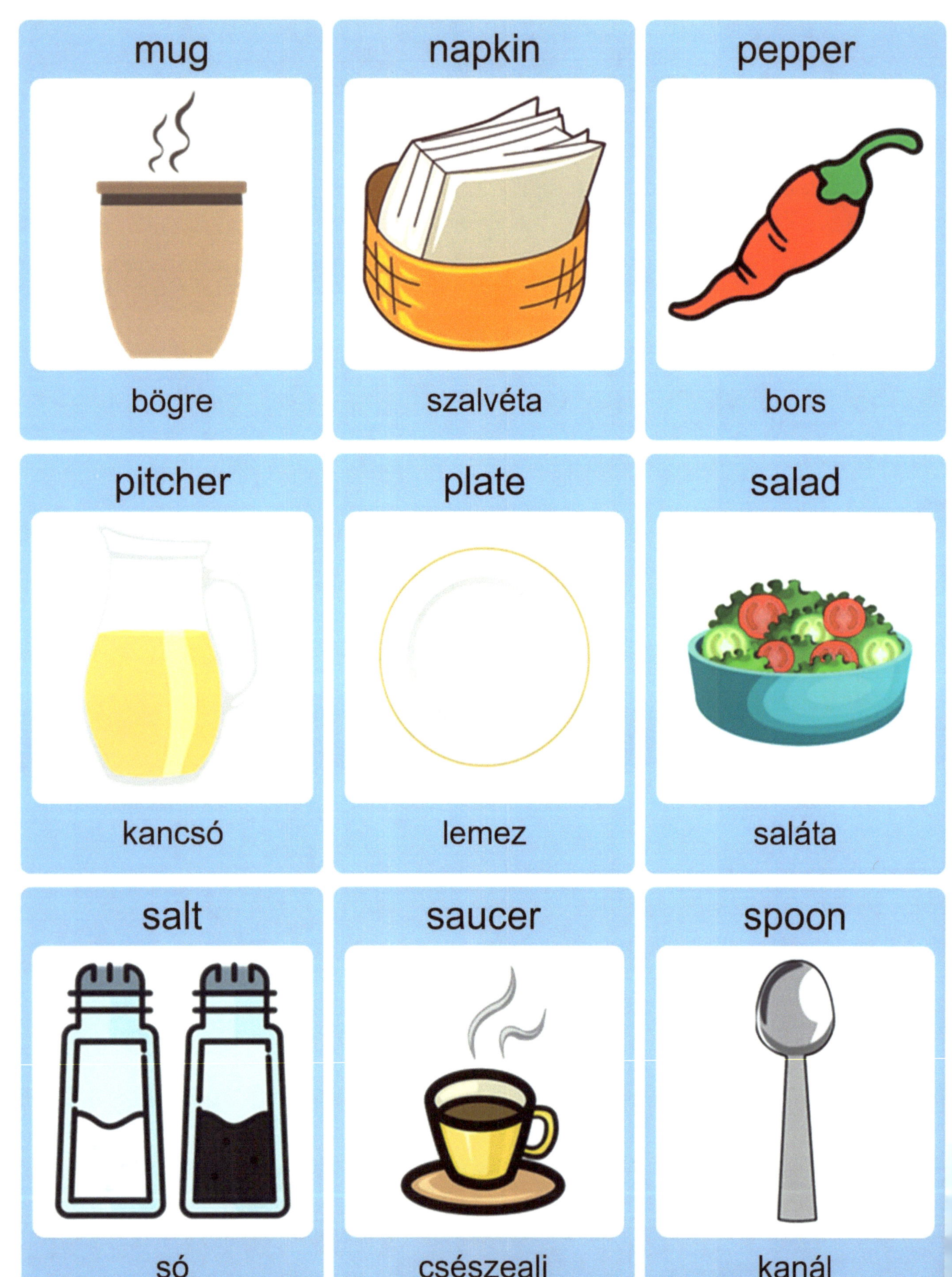
mug
bögre
napkin
szalvéta
pepper
bors
pitcher
kancsó
plate
lemez
salad
saláta
salt
só
saucer
csészealj
spoon
kanál

sugar	Sunday	Monday
	Sunday	Monday
cukor	vasárnap	hétfő
Tuesday	Wednesday	Thursday
Tuesday	Wednesday	Thursday
kedd	szerda	csütörtök
Friday	Saturday	bake
Friday	Saturday	
péntek	szombat	süt

boil
forral
broil
civakodás
can opener
konzervnyitó
fry
süt
grill
rostély
measuring cup
mérőedény
measuring spoon
mérőkanál
microwave
mikrohullámú sütő
mixing bowl
keverő tál

paper towels
papírtörlő
poach
tojáscsőr
potholder
edényfogó
roast
sült
rolling pin
sodrófa
scramble
tülekedés
simmer
lassú tűzön süt
knife
kés
spoon
kanál

spatula
spatula
steam
gőz
strainer
szűrő
timer
időzítő
fork
villa
toaster
kenyérpirító
kettle
vízforraló
refrigerator
hűtőszekrény
blender
turmixgép

cabinet
szekrények

cupboard
szekrény

microwave
mikrohullámú sütő

back
vissza

cheeks
arcon

chest
mellkas

chin
CHIN
áll

ears
fülek

eyebrows
szemöldök

eyes

szemek

feet

láb

fingers

ujjak

foot

láb

forehead

homlok

hair

haj

hands

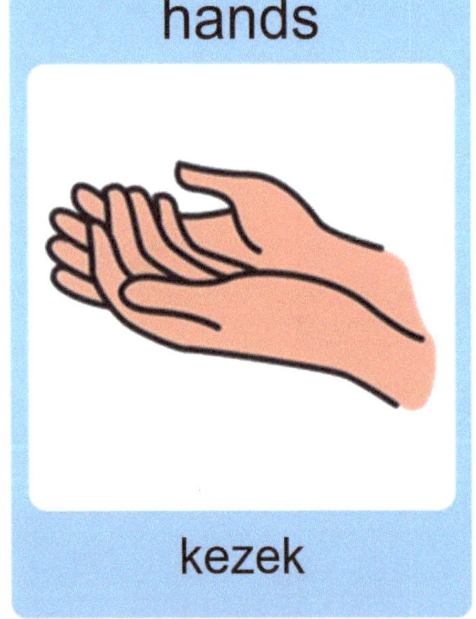

kezek

head

fej

hips

csípő

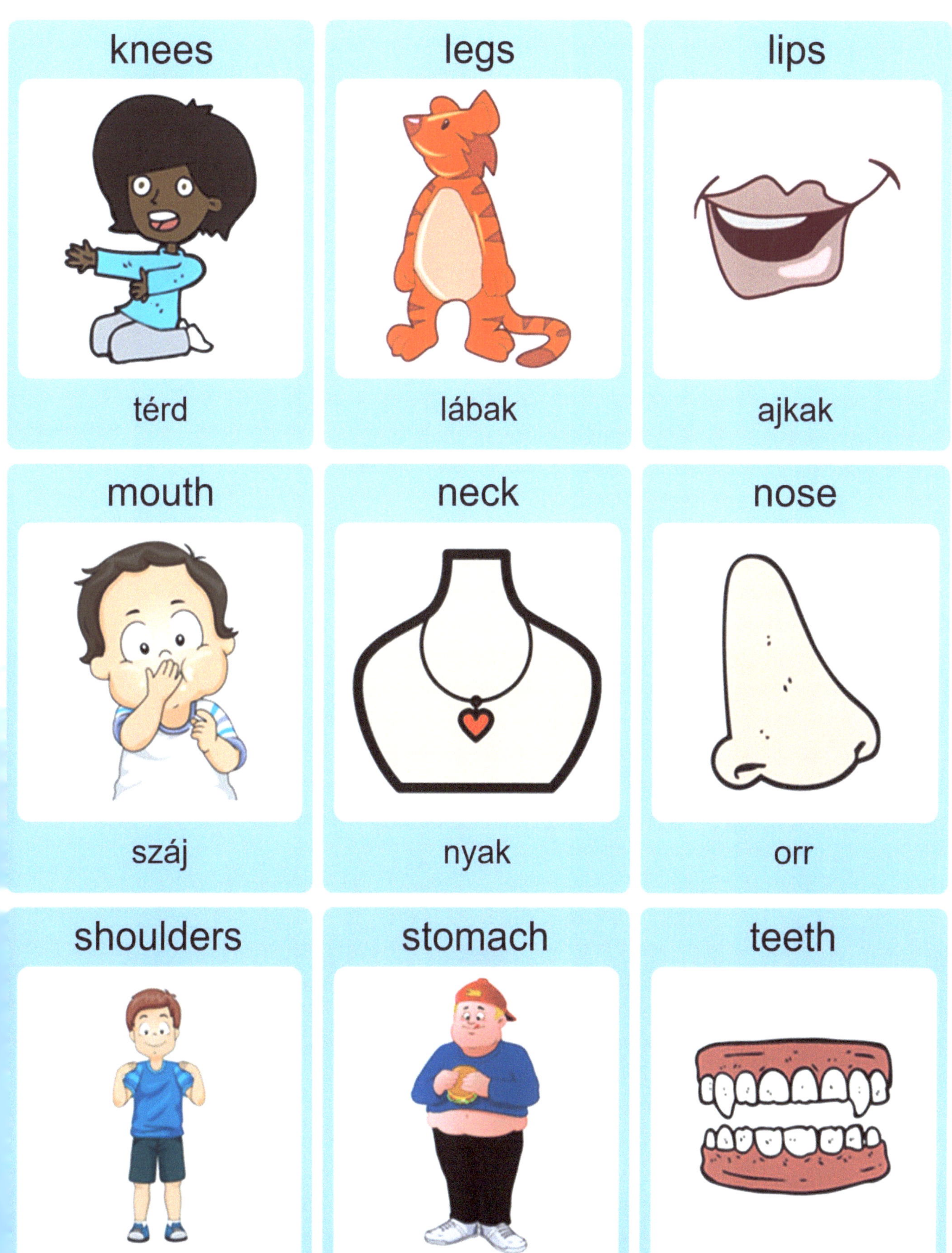

knees
térd
legs
lábak
lips
ajkak
mouth
száj
neck
nyak
nose
orr
shoulders
vállak
stomach
gyomor
teeth
fogak

throat

torok

toes

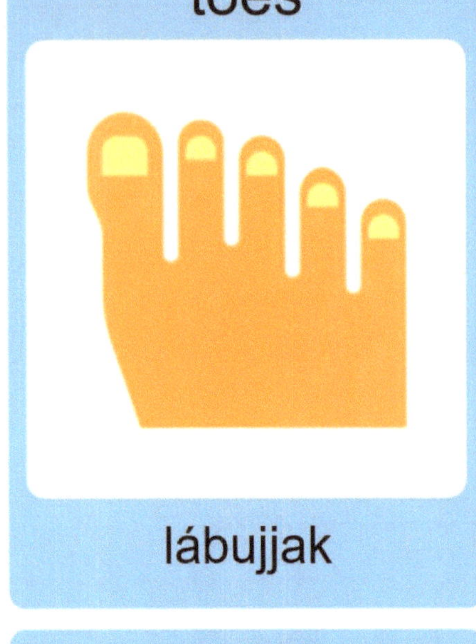

lábujjak

tongue

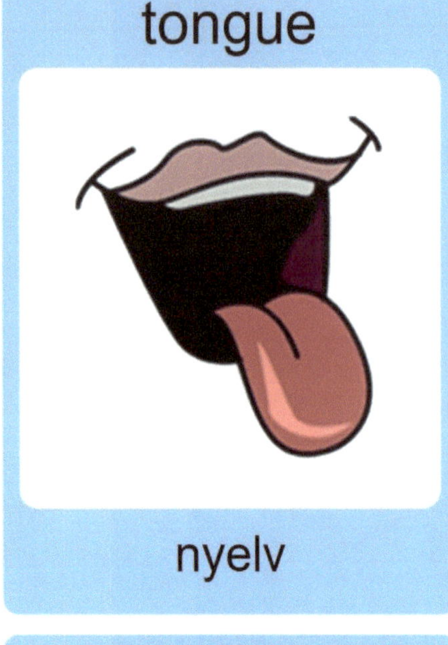

nyelv

tooth

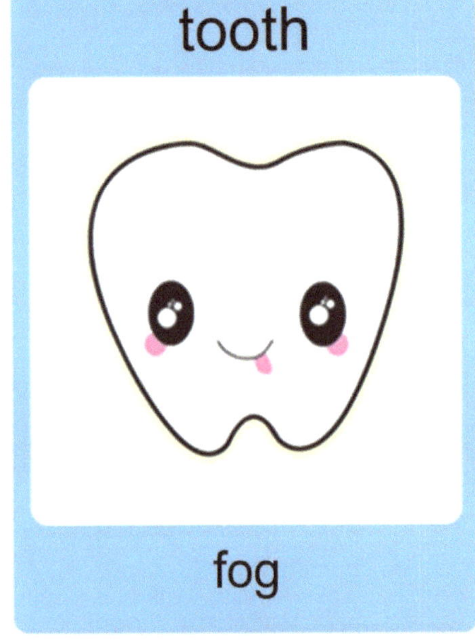

fog

waist

derék

overalls

overall

mittens

ujjatlan kesztyű

beanie

kötött sapka

apron

kötény

doll
baba
rattle
csörgő
toy
játék
diaper
pelenka
bassinet
mózeskosár
bib
iddogál
octagon
nyolcszög
triangle
háromszög
square
Square
négyzet

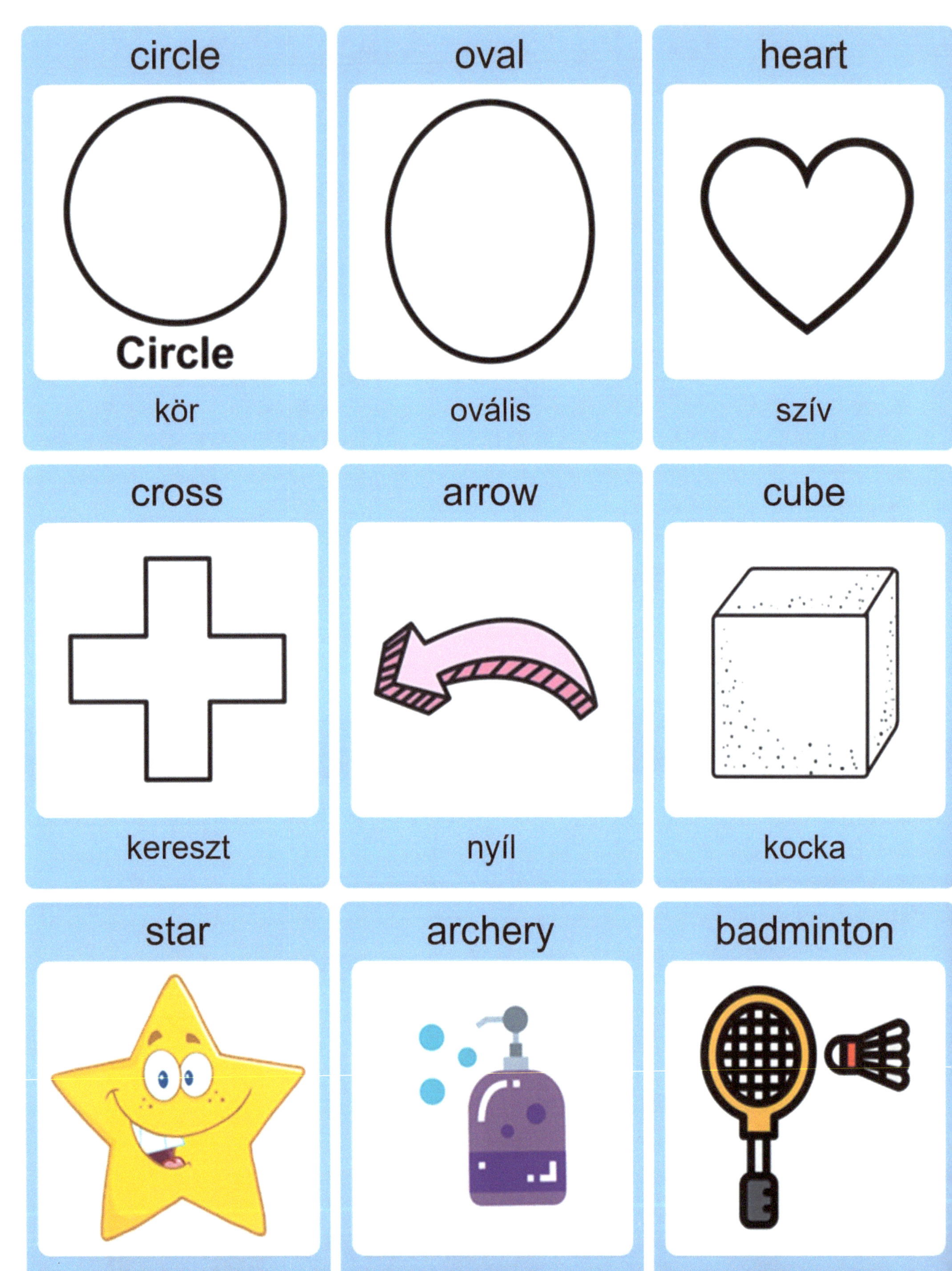

circle
Circle
kör

oval
ovális

heart
szív

cross
kereszt

arrow
nyíl

cube
kocka

star
csillag

archery
íjászat

badminton
tollaslabda

cricket
krikett
bowling
bowling
boxing
dobozolás
tennis
tenisz
skateboarding
gördeszkázás
surfing
szörfözni
hockey
jégkorong
yoga
jóga
fencing
swordplay

fitness

alkalmasság

gymnastics

gimnasztika

karate

karate

volleyball

röplabda

weightlifting

súlyemelés

basketball

kosárlabda

baseball

baseball

rugby

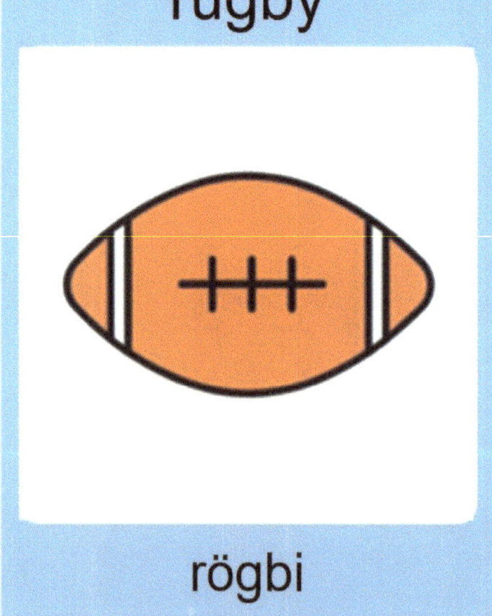

rögbi

wrestling

birkózás

car racing
autóverseny
cycling
kerékpározás
running
futás
table tennis
asztali tenisz
fishing
halászat
judo
cselgáncs
climbing
mászó
shooting
lövés
golf
golf

ride	sit down	stand up

lovagol	ülj le	állj fel

fight	laugh	read

harc	nevetés	olvas

play	listen	cry

játék	hallgat	kiáltás

think
gondol
sing
énekel
watch tv
tv-t néz
dance
tánc
turn on
bekapcsol
turn off
kikapcsolni
win
győzelem
fly
légy
cut
vágott

<table>
<tr><td>

throw away

dobd el

</td><td>

sleep

alvás

</td><td>

close

bezárás

</td></tr>
<tr><td>

open

nyisd ki

</td><td>

write

ír

</td><td>

give

adni

</td></tr>
<tr><td>

jump

ugrás

</td><td>

eat

eszik

</td><td>

drink

ital

</td></tr>
</table>

cook

szakács

wash

mosás

wait

várjon

climb

mászik

talk

beszélgetés

crawl

csúszik

dream

álom

dig

ás

clap

taps

knit	sew	smell
	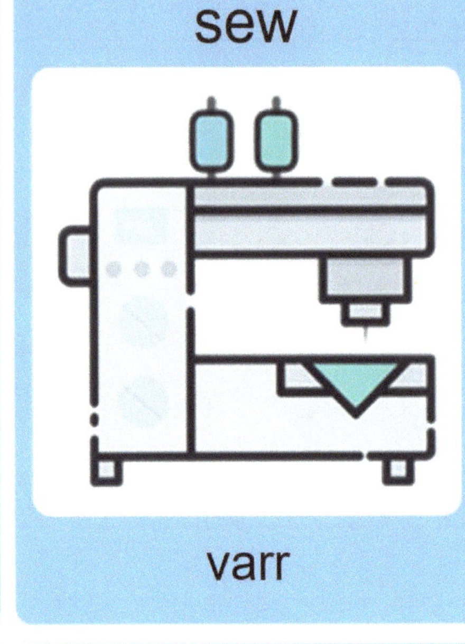	
kötött	varr	szag
kiss	hug	snore

csók	ölelés	horkolás
bathe	bow	paint

fürdik	meghajolva	festék

dive
zuhanás
ski
sí
stack
kazal
buy
megvesz
shake
ráz
programmer
programozó
veterinarian
állatorvos
street vendor
utcai árus
miner
bányász

teacher	bellboy	speaker

tanár	londiner	hangszóró

butcher	pharmacist	receptionist

hentes	gyógyszerész	recepciós

politician	tour guide	entrepreneur

politikus	idegenvezető	vállalkozó

ballet dancer

balett táncos

astronaut

űrhajós

judge

bíró

lawyer

jogász

cashier

pénztáros

taxi driver

taxisofőr

plumber

vízvezeték-szerelő

musician

zenész

chef

séf

baker

pék

artist

művész

actor

színész

bartender

kocsmáros

hairdresser

fodrász

bishop

püspöki

optician

látszerész

florist

virágárus

writer

író

accountant
könyvelő

wine
bor

coffee
kávé

lemonade
limonádé

hot chocolate
forró csokoládé

milkshake
milkshake

water
víz

tea
tea

milk
tej

beer	soda	smoothie

sör	szóda	turmix

milkshake	coconut milk	orange juice

milkshake	kókusztej	narancslé

cocoa	cheese	egg

kakaó	sajt	tojás

butter
vaj
margarine
margarin
yogurt
joghurt
cottage cheese
túró
ice cream
jégkrém
cream
krém
sandwich
szendvics
sausage
kolbász
hamburger
hamburger

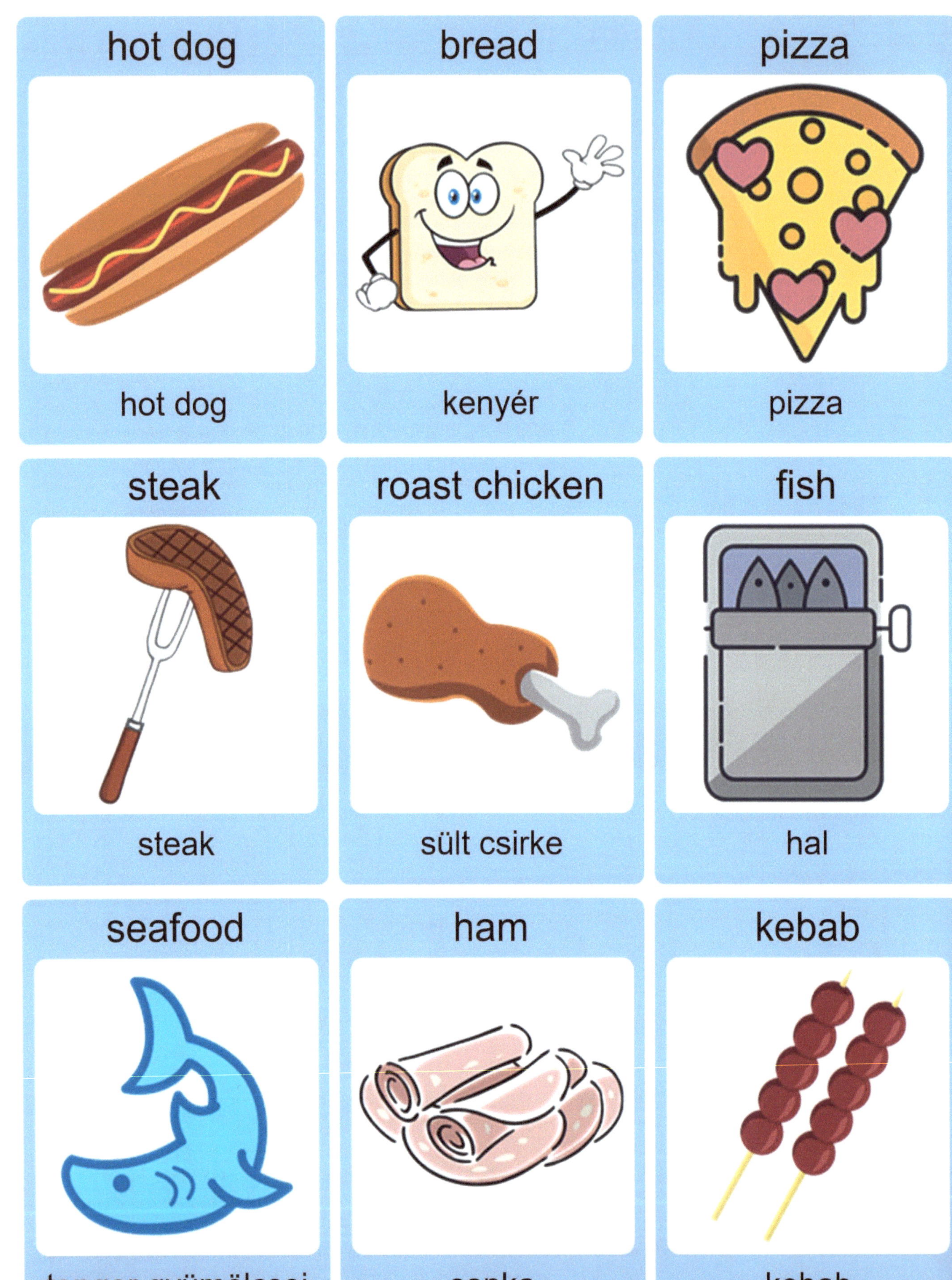

hot dog
hot dog
bread
kenyér
pizza
pizza
steak
steak
roast chicken
sült csirke
fish
hal
seafood
tenger gyümölcsei
ham
sonka
kebab
kebab

bacon
szalonna
sour cream
tejföl
cow
tehén
rabbit
nyúl
duck
kacsa
shrimp
garnélarák
pig
malac
bee
méh
goat
kecske

crab

rák

deer

szarvas

turkey

pulyka

dove

galamb

sheep

juh

fish

hal

chicken

csirke

horse

ló

wing chair

szék

tv stand
tv állvány

sofa
kanapé

cushion
ülőpárnák

telephone
telefon

television
televízió

speaker
hangszórók

end table
kisasztal

tea set
teáskészlet

fireplace
kandalló

remote
távirányítók
fan
ventillátor
floor lamp
állólámpa
carpet
szőnyeg
table
asztalok
blinds
vakok
curtains
függöny
picture
kép
vase
váza

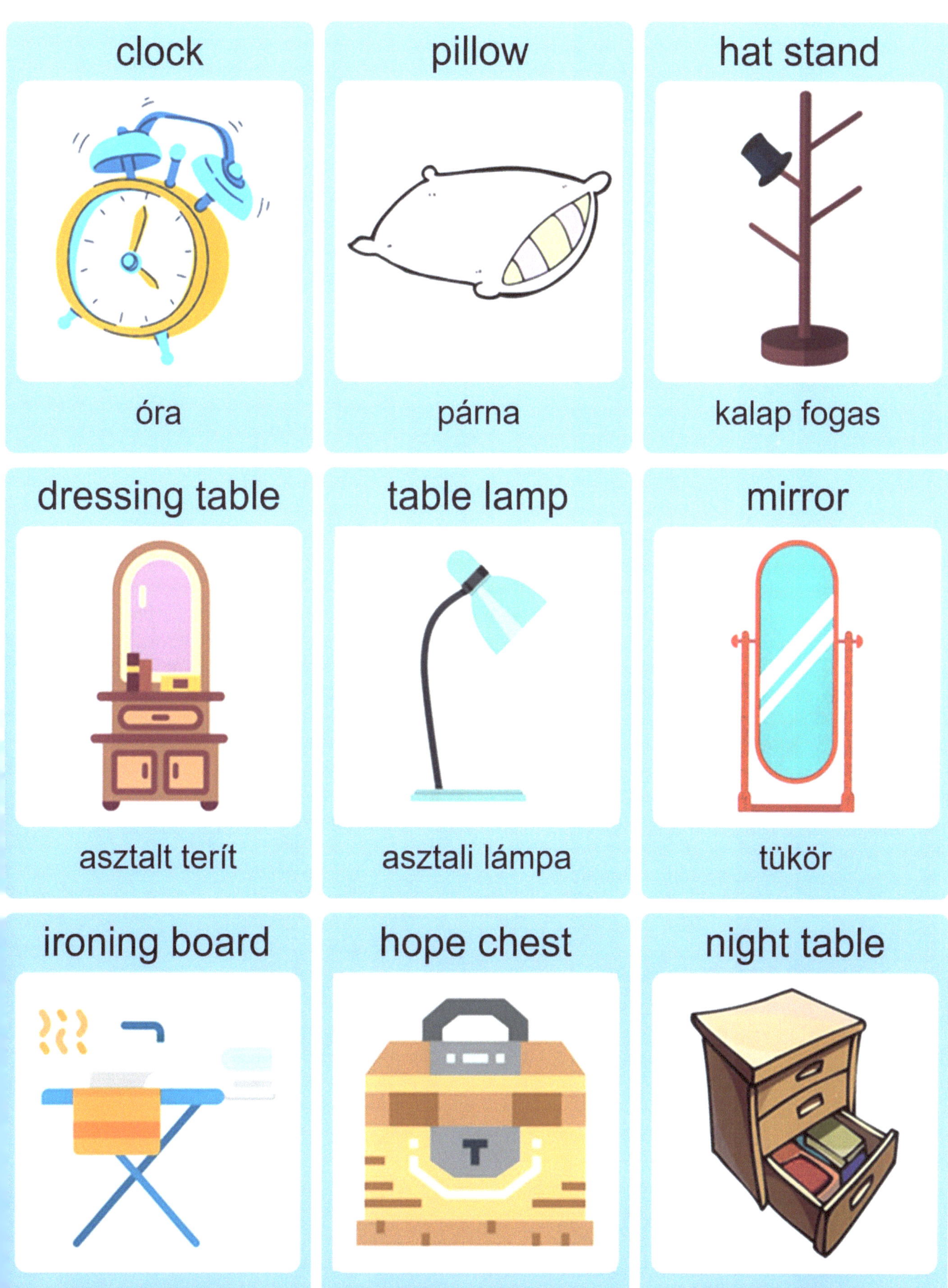

clock
óra

pillow
párna

hat stand
kalap fogas

dressing table
asztalt terít

table lamp
asztali lámpa

mirror
tükör

ironing board
vasalódeszka

hope chest
doboz fiókkal

night table
éjjeliszekrény

bed

ágy

air-conditioner

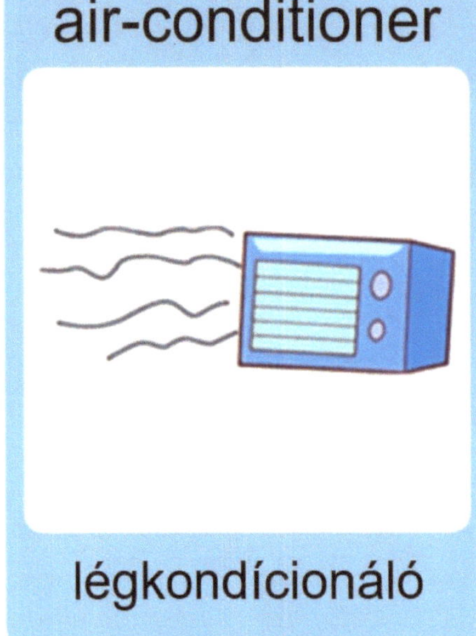

légkondícionáló

jug

kancsó

toothpaste

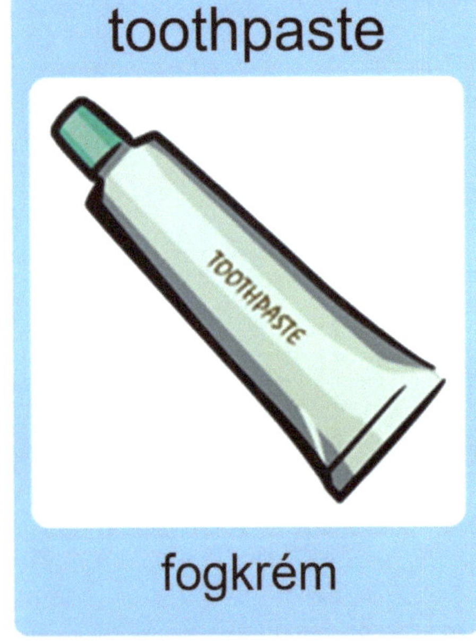

fogkrém

toothbrush

fogkefe

soap

szappan

clothespin

ruhacsipesz

hanger

akasztó

hair dryer

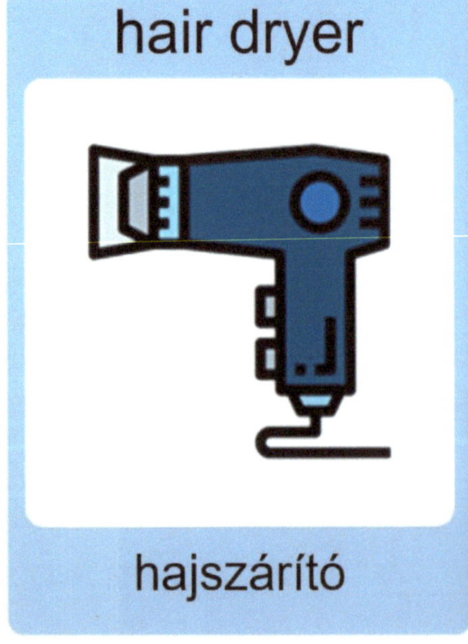

hajszárító

shampoo
sampon
bubble
buborék
brush
kefe
toilet paper
vécé papír
towel
törülköző
clothesline
szárítókötél
shower
zuhany
bathtub
fürdőkád
laundry detergent
mosószer

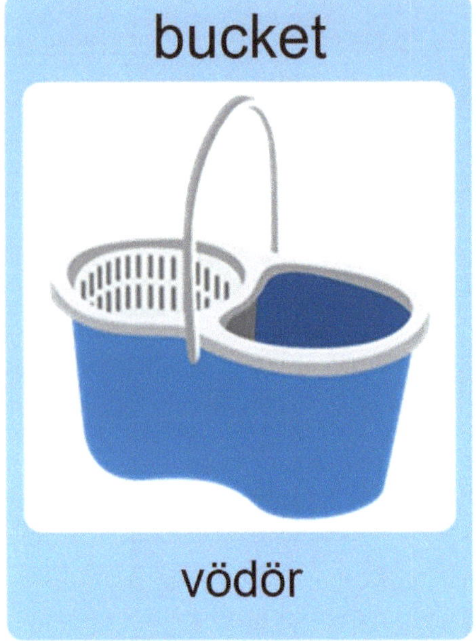

bucket

vödör

mops

mops

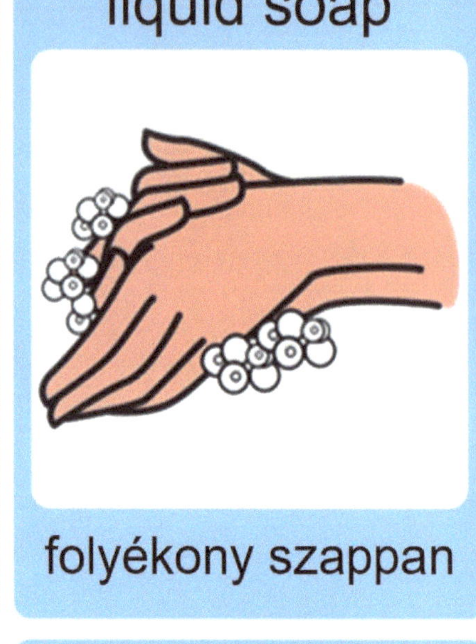

liquid soap

folyékony szappan

washing powder

mosópor

trash bag

szemetes zsák

trash can

kuka

sinks

mosogatók

toilet bowl

wc csésze

washing machine

mosógép

laundry basket	razor	electric razor
szennyes kosár	borotva	elektromos borotva
shaving cream	mouthwash	cotton bud
borotvahab	szájvíz	pamut rügy
hair brush	comb	cleanser
hajkefe	fésű	tisztító